Au 19ème siècle, plusieurs guerres majeures ont eu lieu dans le monde, qui ont été marquées par les ambitions territoriales des puissances européennes, les conflits coloniaux et les guerres d'indépendance. Voici quelques grandes guerres de ce siècle :

Guerre de Crimée (1853-1856) : une guerre opposant la France, l'Angleterre et l'Empire Ottoman à la Russie pour le contrôle des routes commerciales et le statut des lieux saints chrétiens en Palestine.

Guerres de Parité (1870-1871) : la guerre franco-prussienne, qui a vu la défaite de la France face à la Prusse et la fin de l'Empire français.

Guerre de l'Opium en Chine qui ont eu lieu entre les années 1840 et 1860, où les puissances coloniales européennes et américaines ont combattu pour le contrôle des ports chinois et l'accès à leurs marchés.

La guerre de l'Expédition de l'Arrosoir en 1856-1860, où les puissances coloniales européennes et américaines ont combattu pour le contrôle de la région du Fleuve Jaune en Chine.

Les guerres Taiping qui ont eu lieu entre 1850 et 1864 en Chine, où une rébellion millénariste a été réprimée par les troupes impériales chinoises.

Les guerres de l'Inde qui ont eu lieu entre les années 1857 et 1858, où les troupes britanniques ont combattu les troupes indiennes pour le contrôle de l'Inde.

Les guerres des Boxers qui ont eu lieu en 1900, où les puissances coloniales européennes et japonaise ont combattu une rébellion anti-étrangère en Chine.

Ce livret décompose maintenant tous les conflits selon les continents, les guerres, les places du combat, et surtout les vainqueurs. Les dates des batailles ont été volontairement enlevées pour apprendre l'histoire ludiquement. L'idée n'est pas de fournir un lourd cours d'Université, mais bien un livret épuré et accessible à tous, avec les « matchs » repérables au premier coup d'oeil :

Nota Bene : Les guerres napoléoniennes étant un sujet à ~~
~~ de notre collection leur est spécialement dédié.
batailles, guerres et campagnes méconnues, mais tou~~

ASIE

Deuxième guerre anglo-marathe (1803-1805)

Bataille de Dehli
Inde
Victoire britannique sur l'empire marathe

Bataille d'Assaye
Inde
Victoire britannique sur l'empire marathe

Bataille de Laswari
Inde
Victoire britannique sur l'empire marathe

Bataille d'Argaum ou d'Argaon
Inde
Victoire britannique sur l'empire marathe

Bataille de Farrukhabad
Inde
Victoire britannique sur l'empire marathe

Guerre russo-persane (1804-1813)

Bataille d'Aslanduz
Iran
Victoire russe sur la Perse

Bataille de Lankaran
Lankaran, Azerbaïdjan
Victoire russe sur la Perse

Guerre anglo-népalaise (1814-1816)

Bataille de Malaun
Népal
Victoire britannique sur le Népal

Bataille de Makwanpore
Népal
Victoire britannique sur le Népal

Guerre du Caucase (1816-1864)

Bataille de Goumbet
Goumbet
Victoire russe sur les Daghestanais et les Tchétchènes

Prise d'Akhoulgo
Akhoulgo
Victoire russe sur les Daghestanais et les Tchétchènes

Première bataille de Valerik
Victoire russe sur les Daghestanais et les Tchétchènes

Bataille de Saïd-Iourt
Victoire russe sur les Daghestanais et les Tchétchènes

Deuxième bataille de Valerik
Victoire russe sur les Daghestanais et les Tchétchènes

Bataille de Dargo
Victoire des Daghestanais et des Tchétchènessur la Russie

Bataille de Gordali
Victoire des Daghestanais et des Tchétchènessur la Russie

Bataille de Mesken-Douke
Victoire russe sur les Daghestanais et les Tchétchènes

Bataille d'Atchkhoï
Victoire russe sur les Daghestanais et les Tchétchènes

Première Guerre égypto-ottomane (1831-1833)

Bataille de Konya
Konya, Turquie
Victoire égyptienne sur l'Empire ottoman

Première guerre anglo-birmane (1824-1826)

Bataille de Danubyu
Birmanie
Victoire britannique sur les Birmans

Bataille de Watigaon
Birmanie
Victoire birmane sur le Royaume-Uni

Bataille de Prome
Birmanie
Victoire britannique sur les Birmans

Guerre siamo-laotienne de 1826-1829

Bataille de Nong-Bua-Lamphu
Thaïlande
Victoire siamoise sur le Laos

Guerre siamo-cambodgienne de 1831-1834

Bataille de Kompong Chang
Cambodge
Victoire siamoise sur le Cambodge

Deuxième Guerre égypto-ottomane (1839-1841)

Bataille de Nézib
Nusaybin, Turquie
Victoire égyptienne sur l'Empire ottoman

Bataille de Bhersaf ou Behorsaf
Victoire britannique sur l'Égypte

Première guerre anglo-afghane (1839-1842)

Bataille de Gandamak
Gandamak, Afghanistan
Victoire afghane sur le Royaume-Uni

Première guerre anglo-sikh (1845-1846)

Bataille de Mudki
Mudki, Pendjab
Victoire britannique sur les Sikhs

Bataille de Ferozeshah
Ferozeshah, Pendjab
Victoire britannique sur les Sikhs

Bataille d'Aliwal
sur les rives du Sutlej, Pendjab
Victoire britannique sur les Sikhs

Bataille de Sobraon
Sobraon, Pendjab
Victoire britannique sur les Sikhs

Guerre anglo-perse (1856-1857)

Bataille de Bushire
Iran
Victoire britannique sur la Perse

Bataille de Koosh-Ab
Iran
Victoire britannique sur la Perse

Deuxième guerre de l'opium (1856-1860)

Bataille de la Bogue
Chine
Victoire britannique sur la Chine

Bataille de Fatshan Creek
Chine
Victoire britannique sur la Chine

Seconde bataille de Canton
Prise des forts de Peï-Ho
Tanggu, Chine
Victoire franco-britannique sur la Chine

Bataille de Zhangjiawan
Chine
Victoire franco-britannique décisive sur la Chine

Bataille de Palikao
Chine
Victoire franco-britannique décisive sur la Chine

Révolte des cipayes (1857-1858)

Bataille de Badulla Serai
Près de Delhi, Inde
Victoire britannique sur les rebelles

Bataille de Chinhut
Près de Lucknow, Inde
Victoire des rebelles sur le Royaume-Uni

Bataille de Shahgunje
Près d'Agra, Inde
Victoire des rebelles sur le Royaume-Uni

Bataille de Futtehpoor
Futtehpoor, Inde
Victoire britannique sur les rebelles

Bataille d'Aong
Inde
Victoire britannique sur les rebelles

Bataille de Pandoo Nuddee
Inde
Victoire britannique sur les rebelles

Bataille d'Aherwa
Inde
Victoire britannique sur les rebelles

Bataille d'Onao
Inde
Victoire britannique sur les rebelles

Bataille d'Arrah
Inde
Victoire britannique sur les rebelles

Bataille de Busherutgunje
Inde
Victoire britannique sur les rebelles

Bataille de Jugdispore
Inde
Victoire britannique sur les rebelles

Bataille de Bithoor
Inde
Victoire britannique sur les rebelles

Bataille d'Allygurh
Inde
Victoire britannique sur les rebelles

Bataille de Nujuffghur
Inde
Victoire britannique sur les rebelles

Bataille de Mundoree
Inde
Victoire britannique sur les rebelles

Siège de Jhansi
Jhansi, Inde
Victoire britannique sur les rebelles

Bataille de Kalpi
Inde
Victoire britannique sur les rebelles

Seconde guerre anglo-afghane (1878-1880)

Bataille de Charasia
Afghanistan
Victoire britannique sur les Afghans

Bataille d'Ahmed Khel
Afghanistan
Victoire britannique sur les Afghans

Bataille de Maiwand
Afghanistan
Victoire afghane sur le Royaume-Uni

Guerre franco-chinoise (1881-1885)

Bataille de Phung
Viêt Nam
Victoire française sur les Pavillons Noirs

Bataille de Bang-Bo
Chine
Victoire chinoise sur la France

Bataille de Ky Lua
Viêt Nam
Victoire française sur la Chine

Bataille de Fuzhou
Chine
Victoire française décisive sur la Chine

Bataille de Tamsui
Taïwan
Victoire chinoise sur la France

Bataille de Yu Oc
Viêt Nam
Victoire française sur les Pavillons Noirs

Bataille de Nui Bop
Viêt Nam
Victoire française sur la Chine

Combat de Shipu
Chine
Victoire française sur la Chine

Bataille de Hoa Moc
Viêt Nam
Victoire française sur la Chine et les Pavillons Noirs

Retraite de Lang Son
Fin mars 1885

Guerre sino-japonaise (1894-1895)

Bataille de Seonghwan
Corée du Sud
Victoire japonaise sur la Chine

Bataille de Pyongyang
Pyongyang, Corée du Nord
Victoire japonaise sur la Chine

Bataille de Jiuliancheng
Fleuve Yalou, frontière coréano-mandchoue
Victoire japonaise sur la Chine

Bataille de Lüshunkou
Lüshunkou, Chine
Victoire japonaise sur la Chine

Bataille de Weihaiwei
Weihai, Chine
Victoire japonaise sur la Chine

Bataille de Yingkou
Liaoning, Chine
Victoire japonaise sur la Chine

Guerre américano-philippine (1899-1902)

Bataille de Calloocan
Philippines
Victoire américaine sur les Philippines

Bataille de Santa-Cruz
Philippines
Victoire américaine sur les Philippines

Bataille de Paete
Philippines
Victoire américaine sur les Philippines

Bataille de Tirad Pass
Philippines
Victoire américaine sur les Philippines

EUROPE

Premier soulèvement serbe

Bataille de Mišar
Proximité de Mišar, Serbie
Victoire serbe sur l'empire ottoman

Bataille de Deligrad
Deligrad, Serbie
Victoire serbe sur l'empire ottoman

Révolutions libérales en Italie (1821)

Bataille de Rieti
Rieti, Italie
Victoire autrichienne sur les insurgés napolitains

Bataille d'Antrodoco
Antrodoco, Italie
Victoire autrichienne sur les insurgés napolitains

Bataille de Novare
Novare, Italie
Victoire autro-sarde sur les insurgés piémontais

Guerre d'indépendance grecque (1821-1830)

Bataille d'Alamana
Grèce
Victoire ottomane sur les Grecs

Bataille du khan de Gravia
Grèce
Victoire grecque sur l'empire ottoman

Bataille de Valtetsi
Valtétsi, Grèce
Victoire grecque sur l'empire ottoman

Bataille de Doliana
Doliana, Arcadie, Grèce
Victoire grecque sur l'empire ottoman

Bataille de Dragatsani
Dragatsani, Valachie, Roumanie
Victoire ottomane sur les Grecs

Bataille de Lala
Grèce
Victoire grecque sur l'empire ottoman

Prise de Tripolizza
Grèce
Victoire grecque sur l'empire ottoman

Bataille de Péta
Grèce
Victoire ottomane sur les Grecs

Bataille des Dervénakia
Grèce
Victoire grecque sur l'empire ottoman

Bataille d'Arachova
Arachova, Béotie, Grèce
Victoire grecque sur l'empire ottoman

Bataille de Phalère
Grèce
Victoire ottomane sur les Grecs

Expédition d'Espagne (1823)

Bataille du Trocadéro
Cadix, Espagne
Victoire française sur les libéraux espagnols

Soulèvement migueliste de 1826-1827 et Guerre civile portugaise (1828-1834)

Bataille de Coruche
Portugal
Victoire des troupes libérales sur les rebelles miguelistes

Siège de Porto
Portugal
Victoire des Libéraux sur les Miguelistes

Bataille de Ponte Ferreira
Portugal
Victoire tactique des Libéraux sur les Miguelistes

Bataille de Souto Redondo
Portugal
Victoire des Miguelistes sur les libéraux

Bataille d'Alcácer do Sal
Portugal
Victoire des Miguelistes sur les libéraux

Bataille de Pernes
Portugal
Victoire des Libéraux sur les Miguelistes

Bataille d'Almoster
Almoster, Portugal
Victoire des Libéraux sur les Miguelistes

Bataille de Sant'Ana
Portugal
Victoire des Miguelistes sur les libéraux

Bataille d'Asseiceira
Asseiceira, Portugal
Victoire des Libéraux sur les Miguelistes

Guerre russo-turque de 1828-1829

Bataille de Kulevicha
Victoire russe sur l'empire ottoman

Campagne des Dix-Jours (1831)

Bataille de Hasselt
Belgique
Victoire néerlandaise sur la Belgique

Bataille de Boutersem
Belgique
Victoire néerlandaise sur la Belgique

Bataille de Louvain
Belgique
Victoire néerlandaise sur la Belgique

Insurrection polonaise ou Insurrection de Novembre (1831)

Bataille de Stoczek
Pologne
Victoire polonaise sur la Russie

Bataille de Dobra
Pologne
Victoire polonaise sur la Russie

Première bataille de Kałuszyn
Pologne
Bataille indécise entre la Pologne et la Russie

Première bataille de Wawer
Pologne
Victoire polonaise sur la Russie

Bataille de Nowa Wieś
Nowa Wieś, Pologne
Victoire polonaise sur la Russie

Bataille de Białołęka
Pologne
Victoire polonaise sur la Russie

Bataille de Grochow
Pologne
Victoire polonaise sur la Russie

Bataille de Kurów
Pologne
Seconde bataille de Wawer
Pologne
Bataille de Dębe Wielkie
Pologne
Victoire polonaise sur la Russie

Bataille de Domanice
Pologne
Bataille d'Iganie
Pologne
Victoire polonaise sur la Russie

Bataille de Kazimierz Dolny
Pologne
Victoire russe sur la Pologne

Bataille d'Ostrolenka
Kazimierz Dolny, Pologne
Victoire russe sur la Pologne

Bataille de Wola
Pologne

Première guerre carliste (1833-1839)

Bataille d'Alsasua
Espagne
Victoire carliste sur les troupes gouvernementales

Guerre du Sonderbund (1847)

Bataille de Gisikon
près de Lucerne, Suisse
Victoire des Confédérés sur les troupes du Sonderbund

Révolution hongroise de 1848

Bataille de Pákozd
Hongrie
Victoire hongroise sur les autrichiens et les croates

Bataille de Schwechat
Schwechat, Autriche
Victoire autrichienne sur la Hongrie

Bataille de Kapolna
Hongrie
Victoire autrichienne sur la Hongrie

Bataille de Pered
Hongrie
Victoire russo-autrichienne sur la Hongrie

Bataille de Segesvar
Victoire russo-autrichienne sur la Hongrie

Bataille de Temesvar
Timișoara, Roumanie
Victoire autrichienne sur la Hongrie

Première guerre d'indépendance italienne (1848-1849)

Cinq journées de Milan
Milan, Italie
Victoire des insurgés milanais sur l'Autriche

Bataille du pont de Goito
Goito, Italie
Victoire piémontaise sur l'Autriche

Bataille de Pastrengo
Pastrengo, Italie
Victoire piémontaise sur l'Autriche

Bataille de Santa Lucia
Santa Lucia, Italie
Victoire autrichienne sur le Piémont

Bataille de Cornuda
Cornuda, Italie
Victoire autrichienne sur les Pontificaux et les Vénitiens

Bataille de Goito
Goito, Italie
Victoire piémontaise sur l'Autriche

Bataille de Governolo
Governolo, Italie
Victoire piémontaise sur l'Autriche

Bataille de Sommacampagna
Sommacampagna, Italie
Victoire autrichienne sur le Piémont

Bataille de Custoza
Custoza, Italie
Victoire autrichienne sur le Piémont

Bataille de Sforzesca
Sforzesca, Italie
Victoire piémontaise sur l'Autriche

Bataille de Mortara
Mortara, Italie
Victoire autrichienne sur le Piémont

Bataille de Novare
Novare, Italie
Victoire autrichienne sur le Piémont

Première guerre des Duchés (1848-1852)

Bataille de Bov
Schleswig-Holstein
Victoire danoise sur le Schleswig-Holstein

Bataille de Lottorf
Schleswig-Holstein
Victoire danoise sur le Schleswig-Holstein

Guerre de Crimée (1853-1855)

Combat d'Isatcha
Isaccea, Roumanie
Victoire ottomane sur la Russie

Bataille d'Oltenitza
Oltenitza, Roumanie
Victoire ottomane sur la Russie

Bataille de Cetate
Cetate
Sans vainqueur

Bataille de l'Alma
Crimée, Ukraine
Victoire franco-britannique sur la Russie

Bataille de Bomarsund
Åland, Finlande
Victoire franco-britannique sur la Russie

Bataille de Kurekdere
Arménie
Victoire russe sur les Ottomans

Bataille de Balaklava
Crimée, Ukraine
Victoire franco-britannique sur la Russie

Bataille d'Inkerman
Crimée, Ukraine
Victoire franco-britannique sur la Russie

Bataille d'Eupatoria
Eupatoria, Ukraine
Victoire ottomane sur la Russie

Bataille de la Tchernaïa
Crimée, Ukraine
Victoire franco-sarde sur la Russie

Bataille de Malakoff
Crimée
Victoire française décisive sur la Russie

Campagne d'Italie (1859)

Bataille de Montebello
Italie
Victoire franco-piémontaise sur l'Autriche

Bataille de Varèse
Italie
Victoire sarde sur l'Autriche

Bataille de San Fermo
Italie
Victoire sarde sur l'Autriche

Bataille de Palestro
Italie
Victoire franco-piémontaise sur l'Autriche

Bataille de Turbigo
Italie
Victoire française sur l'Autriche

Bataille de Magenta
Italie
Victoire franco-piémontaise sur l'Autriche

Bataille de Melegnano
Italie
Victoire française sur l'Autriche

Bataille de Treponti
Italie
Victoire autrichienne sur la Sardaigne

Bataille de Solférino
Italie
Victoire franco-piémontaise sur l'Autriche

Bataille de San Martino
Victoire sarde sur l'Autriche

Guerres pour l'unité italienne

Bataille de Calatafimi
Sicile, Italie
Victoire des Garibaldiens sur le royaume des Deux-Siciles

Bataille de Milazzo
Sicile, Italie
Victoire des Garibaldiens sur le royaume des Deux-Siciles

Bataille de Reggio
Italie
Victoire des Garibaldiens sur le royaume des Deux-Siciles

Bataille de Castelfidardo
Italie
Victoire du Piémont sur les Pontificaux

Bataille de Caiazzo
Italie
Victoire du royaume des Deux-Siciles sur les Garibaldiens

Bataille du Volturno
Italie
Victoire des Garibaldiens sur le royaume des Deux-Siciles

Bataille de Garigliano
près de Gaète, Italie
Victoire des Piémontais sur le royaume des Deux-Siciles

Bataille de l'Aspromonte
Italie
Victoire de l'Italie sur les Garibaldiens

Bataille de Montelibretti
Italie
Victoire des Garibaldiens sur les Pontificaux

Bataille de Monterotondo
Italie
Victoire des Garibaldiens sur les Pontificaux

Bataille de Mentana
Italie
Victoire franco-pontificale sur les Garibaldiens

Deuxième guerre des Duchés (1864)

Bataille de Sankelmark
Oeversee, Allemagne
Victoire danoise sur la Prusse

Bataille de Dybbøl ou de Düppel
Danemark
Victoire prussienne sur le Danemark

Guerre austro-prussienne (1866)

Bataille de Custoza
Italie
Victoire autrichienne sur l'Italie

Bataille de Hühnerwasser
Bohême, République tchèque
Victoire prussienne sur l'Autriche

Bataille de Podol
Bohême, République tchèque
Victoire prussienne sur l'Autriche

Bataille de Nachod
Bohême, République tchèque
Victoire prussienne sur l'Autriche

Bataille de Trautenau
Bohême, République tchèque
Victoire autrichienne sur la Prusse

Bataille de Langensalza
Thuringe, Allemagne
Victoire hanovrienne sur la Prusse

Combat de Soor-Burkersdorf
Bohême, République tchèque
Victoire prussienne sur l'Autriche

Bataille de Münchengrätz
Bohême, République tchèque
Victoire prussienne sur l'Autriche

Bataille de Schweinschädel
Bohême, République tchèque
Victoire prussienne sur l'Autriche

Bataille de Sadowa
Bohême, République tchèque
Victoire prussienne sur l'Autriche

Bataille de Kissingen
Bad Kissingen, Bavière
Victoire prussienne sur la Bavière

Combat d'Aschaffenbourg
Bavière, Allemagne
Victoire prussienne sur l'Autriche, le grand-duché de Hesse et l'électorat de Hesse

Bataille de Bezzecca
Trentin, Italie
Victoire italienne sur l'Autriche

Guerre franco-allemande (1870-1871)

Bataille de Sarrebruck
Sarre, Allemagne
Victoire de la Française sur la Confédération de l'Allemagne du Nord

Bataille de Wissembourg
Wissembourg (France)
Victoire de la Confédération de l'Allemagne du Nordsur la France

Bataille de Frœschwiller-Wœrthou de Reichshoffen
Frœschwiller-Wœrth
Victoire de la Prusse, la Bade, la Bavière et le Wurtemberg sur la France

Bataille de Spicheren
Spicheren
Victoire prussienne sur la France

Bataille de Borny-Colombey
Proximité de Metz
Victoire prussienne sur la France

Bataille de Mars-la-Tour
Mars-la-Tour près de Metz
Victoire française sur la Prusse

Bataille de Saint-Privat ou de Gravelotte
Saint-Privat-la-Montagne près de Metz
Victoire prussienne sur la France

Bataille de Beaumont
Beaumont-en-Argonne, France
Victoire de la Confédération de l'Allemagne du Nordsur la France

Bataille de Noisseville-Servigny
Noisseville-Servigny, France
Victoire prussienne sur la France

Bataille de Sedan
Sedan
Victoire prussienne et bavaroise sur la France

Bataille de Nompatelize
Nompatelize
Victoire prussienne sur la France

Bataille de Bellevue
Près de Metz, France
Victoire prussienne sur la France

Bataille de Châteaudun
Châteaudun, France
Victoire de la Confédération de l'Allemagne du Nord sur la France

Batailles de Dijon
Dijon, France
Victoire prussienne sur la France

Bataille de Coulmiers
Coulmiers, France
Victoire française sur la Bavière

Bataille de Villers-Bretonneux
Villers-Bretonneux
Victoire prussienne sur la France

Bataille de Beaune-la-Rolande
Beaune-la-Rolande
Victoire prussienne sur la France

Bataille de Champigny
Villiers-sur-Marne, France
Victoire prussienne sur la France

Bataille de Loigny
Loigny-la-Bataille, France
Victoire prussienne et bavaroise sur la France

Bataille d'Orléans
Orléans
Victoire prussienne sur la France

Combat de Longeau
Longeau-Percey, France
Victoire française sur la Prusse

Batailles de Dijon
Dijon, France
Victoire prussienne sur la France

Bataille de l'Hallue
Pont-Noyelles
Bataille indécise entre la France et la Prusse

Bataille de Bapaume
Bapaume, France
Victoire stratégique prussienne
Victoire tactique française

Bataille de Villersexel
Villersexel
Victoire française sur la Prusse

Bataille du Mans
Le Mans
Victoire prussienne sur la France

Batailles de Dijon
Dijon, France
Victoire française sur la Prusse

Bataille de la Lizaine
sur la Lizaine
Victoire prussienne sur la France

Bataille de Buzenval
Rueil-Malmaison
Victoire prussienne sur la France

Bataille de Saint-Quentin
Saint-Quentin
Victoire prussienne sur la France

Troisième guerre carliste (1872-1876)

Bataille de Monte-Murru
Espagne
Victoire carliste sur les troupes gouvernementales

Bataille de Treviño
Province de Burgos, Espagne
Victoire des troupes gouvernementales sur les carlistes

Bataille de Montejurra
Espagne

Guerre turco-serbo-monténégrine (1876)

Bataille d'Alexinatz
Serbie
Victoire ottomane sur la Serbie

Bataille de Djunis
Serbie
Victoire ottomane sur la Serbie

Guerre russo-turque de 1877-1878

Bataille de Kizil Tepe
Turquie
Victoire ottomane sur la Russie

Bataille de Nikopol
Bulgarie
Victoire russe sur l'empire ottoman

Bataille de Chipka
Col de Shipka, Bulgarie
Bataille de Chipka
Col de Shipka, Bulgarie
Bataille de Lovcha
Bulgarie
Victoire russe sur l'empire ottoman

Bataille de Kars
Kars, Turquie
Victoire russe sur l'empire ottoman

Bataille de Chipka
Col de Shipka, Bulgarie
Victoire décisive russe sur l'empire ottoman

Bataille de Philippopolis
Plovdiv, Bulgarie
Victoire russe sur l'empire ottoman

Guerre serbo-bulgare (1885)

Bataille de Slivnitsa
Slivnitsa, Bulgarie
Victoire bulgare sur la Serbie

Bataille de Pirot
Pirot, Bulgarie
Victoire bulgare sur la Serbie

Guerre gréco-turque (1897)

Bataille de Tirnavos
Grèce
Victoire ottomane sur la Grèce

Bataille de Velestino
Grèce
Victoire grecque sur l'empire ottoman

Bataille de Pharsale
Thessalie, Grèce
Victoire ottomane sur la Grèce

Bataille de Domokos
Thessalie, Grèce
Victoire ottomane sur la Grèce

OCEANIE

Rébellion de Kekuaokalani à Hawaï (1819)

Bataille de Kuamo'o
Hawaï
Victoire des royalistes sur les partisans de Kekuaokalani

Rébellion à Kauai contre le gouvernement central hawaïen (1824)

Bataille de Wahiawa
Kauai
Victoire des gouvernementaux sur les rebelles

Seconde Guerre de Taranaki (1863-1866)

Bataille d'Orakau
Nouvelle-Zélande
Victoire britannique sur les Maoris

Bataille de Gate Pa
Nouvelle-Zélande
Victoire Maori sur le Royaume-Uni

Bataille de Te Ranga
Nouvelle-Zélande
Victoire britannique sur les Maoris

Mon espace personnel de notes :

Félicitations, vous avez traversé toutes ces batailles indemne jusqu'au bout ! Voici une page bonus pour ajouter des informations complémentaires (grands personnages ou chiffres) et affiner vos recherches sur les combats qui ont le plus attiré votre curiosité.

A bientôt dans un autre siècle pour assembler toutes les pièces du puzzle, avec la collection du guerrier !

Printed in Poland
by Amazon Fulfillment
Poland Sp. z o.o., Wrocław